L'ANIMAL

CYRIL COLLARD

L'ANIMAL

FLAMMARION

© Flammarion, 1994.
ISBN : 2-08-066944-3

Imprimé en France

à Jim Morrisson, Roi-Lézard
à Old Oncle Bill

Je pense que c'était un dimanche de fin d'hiver.

L'air glacial qui dessèche la peau,
Venu des plaines de Flandre,
S'est brisé sur des tours parisiennes,
Dans des errances ensoleillées de fin d'après-midi.

Il s'enfuyait d'un campus où fleurissaient les douches
        rouillées,
Au fond d'immeubles-dortoirs en briques rouges.

Ce jour-là
Ou peut-être un autre exactement similaire

L'Animal s'éveilla.

Je crois sentir qu'il n'est pas encore mort.

Ce jour-là, l'Animal avait eu peur.

De sentir sa tête descendre, descendre,
S'enfoncer dans son ventre,
Et puis disparaître.

De sentir que ses yeux avides dévoraient des images
Qui jamais ne réapparaissaient.

De sentir que les idées avaient des formes et des
goûts qui ne s'encastraient pas toujours dans la
découpe trop précise de son Ventre, lisse et tiède.

De sentir son sexe se durcir.

De savoir qu'il ne cesserait plus
D'écrire et de jouir devant des miroirs,
De se frotter à la peau de profils à peine entrevus.

Dans les rues étroites et brûlantes des vieux quartiers, j'avais eu la tentation de l'oubli.

Celle d'errer dans n'importe quelle grande ville sud-américaine, à regarder le soleil les yeux exorbités, camé à ce que vous voulez, éther ou vapeurs d'essence.

Une partie de moi-même désirait cette image de ma mort dans une vieille rue de San Juan.

Des mirages brillants et bleutés se dissolvaient dans la chaleur et me revenaient à l'esprit, mélangés à des effluves de produits pharmaceutiques. Un chemin de fer espagnol, la casbah de Tanger, la plage d'Alger où Meursault avait tué.

Pourtant, l'Animal a voulu voir.
Il a voulu goûter.

Il s'épuise à traquer une image dans des forêts
    d'images.

A vouloir être ailleurs quand il est là.
A vouloir être là quand il est ailleurs.

Mais, là ou ailleurs,
La silhouette du Maître revient toujours.
Il conduit la caméra qui décrit des travellings majes-
tueux le long des magasins de luxe.

A l'intérieur des faces livides se collent aux vitres.

Et le spectacle continue.
(The show must go on.)

– 1 – LES YEUX DOUX

Suivez les rues qui mènent à la banlieue

Rencontre avec des enfants qui jouent dans des ruines
sales

Demandez au plus beau d'entre eux de vous conduire

A son père

Quand celui-ci vous parlera

Arrachez-lui les yeux

Brisez ses dents de porcelaine sanitaire

Et

Contemplez le spectacle radieux du maître

MORT.

Ne regarde jamais dans les yeux des poupées.

Ils ont la froideur stérile des carrelages de la morgue.

Les yeux du cheval fou ont la teinte bleutée du petit
   matin

   qu'on égorge.

Pâle,

le chemin est pâle, qui mène à la source.

Le chien me regarde en souriant.

Les gants de caoutchouc aux mains du chirurgien.

La mousse mange les toits qui ont abrité deux siècles
de laideur.

Est-il vrai que les Incas dessinaient des soucoupes
volantes ?

Immortalité des images fantasmatiques.

18

Les agents de l'influence sont descendus dans les rues
armés d'images et de sons.

En fin d'après-midi
La population assiste à des projections
Rassurantes
Sur des écrans géants disposés
Au pied des tours
Le long des boulevards de ceinture
A la sortie des grands magasins.

Le spectacle est — voyez-vous —
Distraction innocente.

Les enfants doivent rire
N'est-ce pas ?

– 2 – LE GOSSE MEXICAIN

Le montage aphrodisiaque
D'un vieux film noir et blanc
Fait bander le môme mexicain
En jean sale serré.

Sourire famélique d'une horloge de gare

Éclairée

Puisque c'est la nuit des trains

D'étain et des temps

Les carcasses sont si brillantes

Attendent le jour des trains

Les flots décervelés

Les grincements mouillés des corps d'acier

Le gosse méditerranéen bande en regardant le vieux
    se branler.

Sur un banc de gare   Banlieue

N'a pas vu venir le train

Les couleurs brunes du sang séché

Déteintes sur les rails rouillés

Sur la rouille des voies tracées.

C'est cela !
Il faut attendre ici.

Se réapprovisionner en oxygène
Au poste de ce carrefour.

Je suis autorisé à continuer mon chemin
Guidé par les néons obliques.

Incroyable.

J'ai pourtant laissé derrière moi des traces de bave
        épileptique.
Il aurait fallu retrouver les corps de tous les paysans
        violés.

Entre Sonora où je ne suis jamais allé
Et toutes les gares de banlieue.

Mais il n'y a pas eu de procès non plus.
Pas plus que pour les boucs émissaires des gouver-
        nements
Spectacle de justice.

Il faut se protéger
N'est-ce pas
Contre les violeurs d'enfants et les tueurs de vieilles
    dames.

Taper le numéro de code

Sur le clavier électronique

Dans les odeurs d'éther sulfurique

Des chambres de voyous pédés

Persistance rétinienne des chiffres verts

Cristaux liquides

En lettres d'or

Sur les corps lisses et bronzés

Du môme milice urbaine.

Paris Plastique a assimilé

Les ombres chinoises

De toutes les scènes de violence et d'agressions de
rue ;

De celles d'amour et de drague de trottoirs.

Il a dû un jour projeter tout son espoir dans un
partir

Hypothétique.

Il fallait que tu voies sourire les vieilles femmes
indiennes édentées.

Que tu sentes l'odeur de l'essence que respirent les
gosses de Bogota.

– 3 – DES ÉCLATS D'OS PIQUÉS AU FOND DU CŒUR

Je peux jurer que j'ai vu le môme blond briser les vitres fumées de la tour Montparnasse avec une fronde qu'il avait fabriquée il y a très longtemps...

C'était l'hiver, la Bretagne, un ciel lourd et gris, le bruit des vagues qui se brisent sur les rochers.

Vision standard : écoliers en blouses bleues, taches d'encre, le cahier d'histoire avec les frontières d'une époque lointaine. Le professeur haletant, se passionnant, le gras de son ventre tressautant au rythme des conquêtes napoléoniennes.

Obsession permanente des os à nu qu'un ongle gratte. La craie sur le tableau noir et la main de l'élève impubère qui glisse, le bruit de l'ongle sur le tableau.

Les os à nu, les lambeaux de chair font des pétales. Un couteau gratte l'os.

Découpage à la scie. Un bruit sec : la planche tombe dans un tas de sciure.

Des fils de cuivre portés au rouge entourent l'os. Les fils de cuivre du téléphone de nuit, celui des rendez-vous d'amour.

Chercher dans des vieux films en noir et blanc l'ancienne impression que j'avais de moi, introuvable, en promenade dans les ruines de Delphes ou sur les plages de Quiberon.

J'ai froid.
Je grelotte aux confins du rêve.
J'ai eu très mal cette fois-ci.
L'image a encore écorché...
A endossé de nouveau sa carapace de chair
Chaude à l'intérieur, marbre glacé au-dehors
Là où se brise une fois de plus la rencontre
De la forme
D'un souvenir acéré
D'un futur écœurant ou tout juste sucré.
Les cendres encore fraîches s'envolent
Et se posent sur le goût du sang chaud.
Je sens remuer le poignard de cristal
Dans une main en pleurs.
Tu me tords le ventre
Et tu reviendras sans doute plus tard me gratter les
     os
Dans des nuits en vapeurs d'éther
Et en éclats de lune émiettés sur des matelas de
     mousse,
Sur des visages endormis.
J'ai raccordé les rires aux pleurs,
Et les pleurs aux sourires.
Et puis j'ai pensé à oublier

Ces os que l'on gratte,
L'odeur du chanvre et du pain chaud
Qui fuit sous des vents de cuivre
Qui broie les grattements d'os
En poussière
En cendre fraîche
Pour ressembler au goût de ma langue
A la forme de ta bouche.

Le temps oubliera la forme de ta bouche.

Le rideau se fermait.
Mon cœur battait.
Mon corps résonnait.

Une morsure blanche
Précise et fluide,
Aiguille de seringue ou coton mouillé,
S'est glissée sous ma peau.
La veine était là.
Gonflée.
Mes muscles se sont délayés sur des émulsions
        chimiques,
Des clichés violets ou jaunis,
Aux coins racornis.
Ces muscles se sont allongés à même le sol,
Laissant un squelette raisonnable, rigide,
Se balancer dans des forêts vierges de mots verts,
Tranchants.
A même le sol, ces muscles
– Ma chair,
Allongée sur des émulsions chimiques,
A laissé apparaître
Les murs troués des immeubles bombardés,

Les visages solarisés du Prince,
Cigare aux lèvres.

Si loin, je me souviens, passait une certitude.

Tu espères encore
Utiliser ton cœur
Pour te faire pardonner
Par une horde d'ordinateurs.

Mais tes larmes d'eau tiède
Glissent sur les flancs brûlants
De leurs corps d'acier.

Il te faudrait cracher de l'acide
Pour entamer leurs certitudes.

Parler impulsions plutôt qu'odeurs.

A quoi bon prononcer des noms de couleur.
Sauf bien sûr noir et blanc...
Je veux dire Oui-Non, Un-Zéro.

Pas le noir et blanc des films d'avant-guerre.
Car là, précisément
Ce sont les nuances de gris,
Absence ou présence,
Qui définissent le sens
Et jettent des mots qu'on a bannis
Depuis des kilomètres de cadavres

De leurs longs corridors blancs insonorisés
Au plafond bas
A la moquette épaisse.
Là où les cris s'éclaboussent
Sur des murs de papier collés à l'envers
Des salles immenses
Où ces hordes de corps mous
Dévident de leurs laminoirs
Des travellings incontrôlables
De papiers plastiques.

Là où ton cœur espérait encore
Se faire pardonner par quelques larmes tièdes.

Mais...
Ces hordes d'acier...

Et ton cœur a séché.

Je crois qu'aujourd'hui je n'ai que faire de vos honneurs, puisque mes mains pendent, aveugles.

J'ai oublié la douceur de la peau sans ride, les yeux cernés des petits matins parisiens.

Les idées s'emmêlaient, se superposaient, s'annihilaient, sans support, sans existence.

Ces projets fous devinrent quotidiens.
Je ne sais plus retrouver leur saveur initiale, l'image initiatrice, le traumatisme d'avant l'écriture.

Ce que je relis n'est que graffitis sans joie, sur des murs moisis mais sans odeur.

Ces défilés feutrés derrière vos silhouettes, sous vos visages, ont creusé dans mon désir.

Le désir a rongé le désir.

Mais quand il ne restera plus rien on pourra encore aseptiser le vide, cisailler l'inexistant pour lui couper les ailes, souffler sur les restes de fumées mauves des cendres d'amour.

Le désir a mangé le désir.

– 4 – DU PRINCE

Vent parfumé

Odeur des bougies-corps fondues

Encens

Composition du numéro d'appel

De décomposition des corps juifs

Tranchées profondes

Creusées sous la menace

D'une fin encore plus horrible

Genre métal brûlant

Et rythme oblique

D'un montage vidéo

De chorégraphies modernes effrayantes.

Le romanesque n'est pas mort.
Hitler n'appartient pas à l'Histoire.
Il est artiste acteur
Dans un cinéma série commerciale
Hésitant entre photos vérité sur les tortures
Et l'envolée lyrique
Martyre d'un chrétien
Au temps des Romains
Orgies
Décors baroques
Élan du cœur vers le ballet cosmique
Glacial
Et les stars asphyxiées
Sur fond musical
Wagner bien sûr.

Les Pythies du nouveau monde ont voulu me parler.

Contact dans un aéroport.

J'avais passé une journée entière
A regarder décoller les avions acier lames brillantes
Dans les halos électriques bleu-gris
D'un Paris moderne au mois d'août.

Des soi-disant garçons prophètes
Américains blonds
M'ont fait fumer dans des cafétérias
Genre buffet de gare
Ou peut-être relais d'un désert mexicain.

Je sens encore des relents de Poppers
Dans la valise du garçon pourtant programmé
Pour être parfaitement objectif
Quand il raconterait :
Leningrad si belle ville
Moscou sans un sourire
Auschwitz les vieilles photos noir et blanc.

Tout ça pour une projection de diapositives
Dans l'appartement d'un vieux pédé politicard.

Veux-tu changer ton statut de junkie camé
Simplement en baisant quelquefois ?

Donc à l'aéroport
Ce sont les images de Chris Marker :
La jetée, les catacombes nazies Kafka
Avec la recherche incessante de ton assassinat
Dans un passé avenir que tu es parvenu à retrouver.

Les Pythies en question
Saloperies désincarnées
Ont emprisonné l'éphèbe blond
Simplement pour le regarder
Et pour nous empêcher de le toucher.

Nous devons continuer à baver
Comme des limaces transparentes
Sur les vitrines des magasins de luxe folie
Des grandes avenues parisiennes
A regarder les moins cons mourir de faim
A contempler les vieux adipeux se faire tailler des
    pipes par des minets lobotomisés.

Pour la circonstance
Les vieilles peaux ont donné dans le genre sucré

Voix FIP embouteillage
Pour égrener dans la radio intérieure
Quelques débilités
D'Hollywood nouvelle vague :
Les Viêt-cong sont des sauvages
Les Turcs aussi d'ailleurs
C'est encore mieux chez nous
Qu'ailleurs

Et puis

GOD BLESS AMERICA.

Les doigts crasseux dessinent des croix gammées sur un vieil air de rock'n'roll.

Pendant que sa fille mineure se fait baiser sur la paille d'une grange bavaroise par un loulou à moby-lette, Friedrich raconte à sa femme ses nuits de soldat, quand il dormait par moins vingt degrés, enroulé dans une simple couverture.

Surgie de la tombe de Wagner, la marionnette de Syberberg astique les casques des Hell's Angels de Paris, rue de Crimée.

Friedrich dit à sa femme qu'Hitler n'aurait pas dû tuer tous ces juifs, mais que tout de même, il valait mieux tuer les juifs que de laisser les mineures se faire détourner par des voyous sans travail. C'est bien là qu'on reconnaît la faiblesse du régime.

Sa femme répète et répète encore :

« Ce sont d'autres temps. »

Les vêtements des morts entassés dans des amphi-
théâtres aux murs humides.

Les classes du lycée furent transformées en salles de
torture où on avouait n'importe quoi.

Là encore,
Le mal d'exception s'est concentré,
S'est dilué en un rituel quotidien :
Frapper tous les jours à la même heure.

Le visage d'un tyran, alibi confortable, n'est pas là
pour capter les protestations de pure forme émises
d'un peu partout.
Ce visage s'est émietté dans un exotisme de fin du
monde.
Morcelé en querelles de peuple,
Éclaté en trafic d'influence.

Nous avons pu prendre nos distances avec l'horreur
que l'on nomme.
Le visage rassurant d'un tyran.

Cambodge 79.

– 5 – HISTOIRES COURTES

(1) Il a grandi dans l'odeur de la sciure.
Il a promené ses pas sur des craquements de
     planches.
Les cheveux deviennent gris à l'ombre de Mac-
     beth et d'Othello.
Tu voudrais gratter le maquillage des stars,
     mais tu renonces encore,
Radouci par leurs parfums lourds.
Projecteur sur Marianne...
Octave dans l'ombre.
La poussière se désigne, compte ses grains dans
     le faisceau de lumière.
Noir complet.
Musique de Bach.
Les applaudissements étaient plus forts hier,
     plus nets, moins lointains.
Le bruit des sièges, lui, reste toujours le
     même.
Le rideau doit sembler plus lourd encore.
Il se ferme avec des bruits mous, au son des
     fuites de pas ; les talons aiguilles picorent
     les galeries.
Les escaliers pleins de fourrures et de bavar-
     dages.

Les colonnes des journaux cracheront leur venin.
Les taxis s'agglutinent et bloquent l'avenue.
Ici, les planches craquent toujours, la poussière a toujours le même goût.
Le vin n'est que du sirop.
Les cheveux blanchissent à l'ombre d'Othello.
Les dents s'effritent sous le sourire de Marianne.

(2)   Un moment dans l'hiver. Je suis en transit
entre deux crises. Un court voyage grisâtre et
pluvieux entre Saint-Lazare et Versailles. En
quelque sorte une intraveineuse de déperson-
nalisation.

(Je me suis fait un garrot avec une chaîne de
vélo rouillée que j'ai prise dans la main d'un
loubard qui agonisait le ventre ouvert dans un
parking souterrain de Sarcelles.)

Les vitres du train sont sales, couvertes de buée
à l'intérieur, de gouttes d'eau grasses à l'exté-
rieur.
Les poteaux télégraphiques, les câbles électriques, les quais de gare et les pavillons de
banlieue se fondent en une bande grise et floue
qui s'effiloche le long des vitres opaques.

Un type vient de monter à Viroflay avec deux
gosses. Ils s'assoient devant moi.
La petite fille s'extasie sur un paysage dont je
ne parviens à saisir aucun élément.
Pourquoi se sent-elle gênée quand je la regarde ?

Quand je lui souris, son petit frère voudrait sans doute me trouver sympathique. Mais il s'aperçoit soudain que je griffonne quelques notes sur un carnet et il détourne la tête. Je suppose qu'il a honte pour moi d'une telle inconvenance.

Je me retrouve en train d'accompagner en travelling arrière la promenade d'une connasse versaillaise en jupe plissée, gants de peau, col de fourrure et chaussures à talons. Elle est venue dans les contre-allées des grandes avenues bordées de platanes chercher quelque objet de mépris.

Pourtant loin des spectacles tranquilles de la banlieue ouest, la violence suinte, des yeux des enfants pauvres, du bout de leurs doigts.
J'en sens quelques gouttes au creux de mon ventre, au creux de mes mains qui hésitent...
Qui hésiteront peut-être toujours.

Les déchirures du métal sont bien là pourtant. Elles ont laissé des traces blanchâtres sur le ventre du gosse endormi.

Je me traîne ivre de questions dans des soirées dansantes du boulevard Suchet. Je ne me reconnais plus dans aucun miroir. Et entre deux élèves ingénieurs sportifs et des bouquets de fleurs roses, je ne sais plus quoi choisir de la parodie imparfaite du futur hasard ou de l'émotion feinte de la mémoire certitude.

L'endroit importe peu. Je me souviendrai seulement des dessins verts et blancs sur un tapis rouge, et peut-être aussi du cul de quelque minet insupportable.

(3) A voir le décor, on se serait cru dans le bureau du chef de la police politique de n'importe quelle dictature d'Amérique latine. Eh bien n'en croyez rien... Nos gouvernements ont leurs fantasmes.

Major Gomez ? Voici mon rapport – sergent Luis Parentin. Je reviens à l'instant de La Perla.

La génératrice ronronne à côté.
Mademoiselle ne coupez pas.
Que vous est-il arrivé Parentin ? Vous auriez pu vous laver avant d'entrer ici.
Du sang dégouline sur ses chaussures de commando.
Le major a coupé l'air conditionné et sue à grosses gouttes. Peau luisante de reptile adipeux.
Il est couvert de décorations gagnées au Viêtnam.
Il rajuste ses Ray Ban.
J'ai gardé des contacts là-bas vous savez. Pour

58

la came ce sera facile. Je veux seulement des joueurs pour la roulette russe. Aucune douleur. C'est promis. Vous pouvez m'envoyer vos fils indignes. Ou kidnapper ceux de vos ennemis. Une balle dans la tête c'est rapide vous savez Parentin. Ils sont camés jusqu'à l'os.

Votre propre fils ne vous reconnaîtrait pas. Il jouerait contre vous.

Je vous indiquerai où passer la rivière à Saigon. Pour l'herbe voyez en Colombie sergent. Queeludes, contact à Miami. J'irai moi-même. Je dois faire mon rapport au Pentagone. Ces messieurs sont des pédés en état de manque. Ils s'inquiètent. J'amènerai quelques gosses d'ici avec moi. N'est-ce pas ?

Vous vous en occuperez Parentin. Vous n'étiez pas seul à La Perla. Où est Fonseca ? Prévenez — camez — les gosses et payez cher : le Pentagone les garde toujours comme barmen de nuit, mutants verts phosphorescents. Ils les mettent en cage pour leur journée au Disneyworld. Les cent vingt journées dans le château...

Même si Sade m'ennuie.

Mademoiselle ne coupez pas.

Major, ils ont eu Fonseca. Ils lui ont coupé les couilles devant moi pendant que deux gosses s'enculaient sous ses yeux.

J'ai programmé mon assistant vidéo qui leur

a fait le coup glacial de la bande image-son paramnésique. Ils ont cru se retrouver à La Perla 1950, quand leur mère pouvait encore prendre de l'eau à la plage sans être arrêtée par les relents d'ordures et de cadavres castrés qui pourrissent dans les boîtes de Corona et de Seven Up.

Ils ont été pris de panique en voyant des femmes. Se mirent — tous ceux de la cabane de torture — à se branler. Éjaculèrent sur le corps de Fonseca, ont mélangé le sang et le sperme.

C'était pour tuer les images holographiques de leur mère, au centre de la pièce, allaitant des bébés — sans doute leurs frères.

Je m'en suis tiré avec la cuisse un peu abîmée. C'est pour ça le sang, major. Je ne sais même pas si c'est mon propre sang. J'ai été intoxiqué là-bas par leurs images silencieuses de propagande. Depuis, je pisse et je chie du sang, major. Pas le mien. Celui des derniers prêtres mayas qui ont vendu les films pour le projet de destruction de La Perla. Ils avaient eu un cas semblable, n'est-ce pas ?

A moins que ce ne soit le sang des militaires chiliens qui ont hérité des films. Le Pentagone les leur a refilés, n'est-ce pas ?

Silence Parentin. On ne vous demande pas de

savoir, et encore moins de penser. Occupez-vous de vos affaires. Je vous ai déjà dit que ces messieurs étaient des pédés en état de manque.

Mademoiselle ne coupez pas.

Mais, major, j'ai réussi à prendre des photos de baptême des gosses dans la rue. Les autres regardaient en affûtant des lames ou en taillant des copeaux dans les rambardes en bois des balcons.

Les oiseaux ont élu domicile sur une des cheminées.

Montrez-moi ça.

Mademoiselle ne coupez pas.

Vous y repartirez demain Parentin. Il faut réussir à installer des écrans dans la rue et à projeter les vieux films des prêtres mayas.

Notre seule chance est de systématiser le coup du passé que vous avez déjà utilisé.

(4)   Je me demandais très souvent si j'arriverais
       un jour à voir réalisées ces images que j'avais
       dans la tête : ses jeux avec les chèvres au
       milieu des oliviers des collines de Delphes.
       Les boucles blondes et la toge blanche sur les
       escaliers des ruines romaines. Lumière oran-
       gée. Fin d'après-midi. Film au ralenti.

       Imaginez le bleu intense, presque gluant, de
       la mer Tyrrhénienne, quand il n'y a pas un
       souffle de vent.
       Au loin les silhouettes floues, brumeuses, un
       peu gluantes aussi des îles Éoliennes : Strom-
       boli, Lipari, Vulcano.

       Imaginez flottant sur cette mer un porc noyé,
       le ventre gonflé, la peau blanchâtre, caout-
       chouteuse, les quatre pattes raides, dressées
       vers le ciel.

       A l'horizon la silhouette guerrière du cargo
       duquel il a été jeté, malade.

J'ai eu soudain envie d'arroser d'essence l'animal immonde, de planter le drapeau français dans son ventre énorme et d'y mettre le feu.

Ou bien peut-être de lui ouvrir le ventre avec une dague espagnole, de recueillir religieusement ses tripes dans un seau de plastique, de passer le détroit de Messine et d'aller les jeter au visage si pur d'une des vierges de Taormina – ville si célèbre pour ses congrès et ses séminaires.

(5) Ce jour-là, j'avais décidé de ne plus attendre.

Il fallait que je trouve les quatre garçons-guides pour qu'ils me conduisent sur les rivages sanglants du fjord nacré.

Ordinateur central, fils de cuivre, câblo-diffusion. Les services de surveillance intérieure l'avaient voulu ainsi.

J'ai longtemps marché sur les sentiers à flanc de montagne, au-dessus des rapides de l'Amazone d'où s'élevaient les cris des conquistadors espagnols.

J'ai monté et descendu cent fois les marches de cet autel inca pour ne trouver à chaque fois que le visage de cendre de Joseph K. Il croupissait dans les bibliothèques désertes et finissait par ressembler aux fonctionnaires de la Justice.

Mais avec toutes ces années la poussière recouvrant les dossiers et les livres reliés cuir n'imposait plus son goût-odeur de mort lente, barbe grise et monocle, bibliothécaire sur son escabeau de bois blanc.

Ce qu'on sentait maintenant, dans cet univers de caméras vidéo et de magnétophones, c'était l'odeur du sang chaud qui coulait sur les écrans de contrôle, le métal brûlant sur les mains du public, le papier d'aluminium que mâchaient les fonctionnaires blancs et souriants.

Ces éprouvettes rangées dans des râteliers, c'étaient les tuyaux des grandes orgues de mon enfance couleur rouge brique. Les carreaux blancs et brillants de la paillasse, sûrement les touches du clavier sans demi-tons, au-dessus duquel je revois un capucin penché : barbe grise, habit de bure marron, cordelière blanche.

(6)   Ames perdues
      Qui survolent des vallons enneigés
      Mélancoliques.
      Objets de désir atterris sur des îles désertes,
      Éparpillés sur le pont des navires :
      C'est en vous poursuivant que j'ouvris la double
      porte de cuir anglais qui isole le musée pho-
      tographique.

Alfred, le Maître des lieux, trônait là, dans un
écrin de plexiglas fumé, hurlant, bavant, cra-
chant, les yeux exorbités, lubriques, épouvan-
tables. Il s'agitait en tous sens, hésitant à pré-
férer une des horreurs exposées là. (On pourrait
dire « sous son autorité ».)

Bien sûr, il ne m'entendit pas venir. Il ne me
vit pas entrer. Il était alors absorbé dans la
contemplation de l'agrandissement géant d'un
cachot de l'Institut médical de réhabilitation
de Bum Bud. (Merci au Narcotics Bureau amé-
ricain pour son soutien financier.)

C'est-à-dire la dernière étape du voyage Bangkok-Liberté-Maya-Maya. Ça commence à Patpong, la rue des boîtes, lookie lookie, fucking show, une fille ou un garçon ? Héro, smack blanche ou brown sugar ? Et puis on continue par Patunam et on échoue à Klong Toey, au Vénus Bar.

« Gentil baba qui voulait planer s'est perdu dans le labyrinthe de la Chinese Connection. » Et sur la porte des chiottes on peut lire : « Échange n'importe quoi contre aller simple pour n'importe où. »

Alors le voyage Bangkok-Liberté se termine à Bum Bud, Institut médical de réhabilitation, et tu sortiras cent ans plus tard.
Le voyage se termine là, dans le cachot de Bum Bud, immortalisé par l'agrandissement géant, sous les yeux d'Alfred.

Et Alfred se tord de plaisir. Au fond du cachot rampe un gosse de vingt ans avec des trous plein les bras. Il faut bien lutter contre la toxicomanie.

Y a de quoi se marrer n'est-ce pas Alfred ?
Et merci au photographe.

Et merci au Narcotics Bureau US pour son soutien financier.

Bum Bud paradis des camés.

T'inquiète pas Alfred, quand il sortira dans cent ans, le gosse sera désintoxiqué.

Y a de quoi se marrer n'est-ce pas Alfred ?

Je voulais rejoindre les doubles portes de cuir anglais, quitter Alfred.

Les âmes perdues qui survolent les vallons enneigés, mélancoliques, les objets de désir atterris sur des îles désertes etc. m'attendaient dehors.

J'allais donc sortir quand le regard terreux des frères Pollet me cloua sur place. Un autre agrandissement géant, un cliché du début du siècle. Les deux têtes coupées des frères Pollet, les bandits du Nord, étaient exposées sur un présentoir de bois blanc, fort sobre. S'il n'y avait eu les quelques filets de sang, j'aurais soutenu que les deux têtes avaient été façonnées dans de la terre glaise. Je m'approchai de la photo pour lire la légende. Puis je la relus à haute voix : « A l'envers du cliché, le photographe a inscrit que les yeux vivaient encore un quart d'heure après l'exécution. »

En entendant ma voix, Alfred quitte Bum Bud et découvre ma présence.
Il éclate de rire en bavant de plus belle.
Effectivement Alfred y a de quoi se marrer.

Pourtant tu y étais, Alfred. Ces yeux qui vivaient encore quand les têtes coupées furent posées sur le socle de bois blanc t'ont formellement reconnu.

Et ils ne t'ont pas oublié, Alfred.

(7) ISLA VERDE.
     Ces deux mots écrits sur le papier.
     A la lecture, on pense à des prairies au prin-
     temps.
     Quelques vaches paissent.

     ISLA VERDE.
     Les deux mots doivent être prononcés avec
     l'accent espagnol. Vous sentirez alors, vous aussi,
     la terrible insinuation de l'humidité lourde, à
     travers vos vêtements.
     Quand vous descendiez de l'avion et que vous
     marchiez dans les couloirs et le grand hall de
     l'aéroport international d'Isla Verde.
     (Et précisément là, quand j'écris ces deux mots
     sur le papier, j'entends qu'un attentat a ravagé
     l'aéroport de Pointe-à-Pitre. « Un mort, des
     dégâts matériels considérables. »)

     ISLA VERDE.
     Les deux mots prononcés avec l'accent espa-
     gnol :
     « Par ici Señor, vous êtes attendu. »

70

Et la sueur coulait sur votre front.
La sueur coule sur mon front.
Et le taxi jaune, une vieille Renault 12 déglin-
guée, roulait vers l'hôtel.
On voyait la route par les trous du plancher
rongé par la rouille.

Mais je me trompe : vous n'étiez pas monté
dans un taxi jaune. Votre voiture était améri-
caine, l'immatriculation diplomatique, l'air
conditionné et la peinture métallisée.
Mais vous rouliez vers l'hôtel.
Et vous marchiez seul, dans les couloirs de ce
palace, repensant aux salles somptueuses d'un
décor de film.

Vous auriez tant aimé être à la place de ce
compositeur vieillissant qui ne quittait pas des
yeux le visage de l'adolescent. Le fils de cette
famille noble, italienne je crois, dont la mère
était belle, très blanche, souvent voilée.

Mais vous marchiez seul, dans les couloirs du
palace.

Et ISLA VERDE.
Ces deux mots prononcés avec l'accent espagnol

ont toujours eu, vous le savez, la sonorité exacte de deux gouttes de sang chaud qui tombent sur la surface lisse et glacée d'un miroir horizontal.

– 6 – SOMMEIL

Le corps éclate en milliers de flocons si légers...
Mais ils se recollent de nouveau.
Ce corps est une boule compacte, dense.
Je pèse si lourd, ce matin, sur cette chaise orange
– classeurs métalliques et dossiers empilés.

Me perdre peut-être dans un creux du matelas,
Dans un creux de ses bras ?

Être le plomb fondu,
Le mercure...
Liquide solide flasque et dur.

Le traverser... ce matelas...
Sommeil à pas de géant.

– 7 – REVANCHE (1º)

Traversant les collines de verdure,
Coupe sombre, saillie noire,
Ton souvenir vacilla dans mon regard.
Les boucles blondes d'un passé incertain,
Violence de ta peau tiède et humide
Qui se collait aux images d'une enfance dont la
dimension temporelle
S'écrasait, s'aplatissait de plus en plus :
Une plage lisse et blanche où le vent du souvenir
n'avait laissé aucune trace.
Je voulais retrouver cette blessure imprévue, sculptée
sur un corps jeune qui avait arrêté le cours du temps.

Et je pleurais, là, dans le couloir et l'ascenseur d'un
immeuble du 2ᵉ arrondissement.
Comme souvent, Paris était gris, tiède et gras.
Je ne le savais pas, mais, à ce moment-là, le reflet
de l'Image tombait à terre et se brisait en morceaux
tranchants d'entre lesquels suintait une buée de larmes
et de sang.

L'orage éclate trois fois,
Fissure dans un cœur vide.

Et les pleurs sournois reviennent souvent,
Au son du mot Visage.

Des déserts torrides, à fleur de peau, explosent par
endroits sur les murs pourris d'immeubles en démo-
lition.

Mes ongles creusent le plâtre mou, mais les doigts
saignent, avant même d'avoir effleuré ce visage.

Le désir, si fort, à hurler, à cracher des mots courts ;
le souffle court.

Se vautrer dans des flaques de lumière,
Patauger dans des rivières de plomb fondu.
Et chercher ce visage incandescent, aux yeux lourds,
Évident, certitude, comme la terre, là, sous mes pieds
tremblants, au bout de mon corps aux aguets.

J'ai écrit ton nom
Projeté ton image sur tous les murs des villes chaudes.
Ton sourire s'incrustait là,
Si bien dessiné,
Entre les briques,
Fleur de papier.

Tes cuisses bombées, serrées dans leur gaine de tissu.

Et fuir cette foule synthétique,
Fatalité,
Frelatée,
Plaquée de mica d'or et d'argent.

Tant de douleur
Tant de désir au fond du ventre.

Revendre ma jeunesse aux nababs du trafic de l'amour.

Ils n'ont pas vu ton sourire si blanc, mon sourire si salé.

Et tes yeux, dans leur gaine de tissu blond, serrés, tes cuisses bombées, ton sexe moulé par le tissu brûlé le long des soleils et des mers acides.

Crève sur des murs de béton rose.

Ça dépend de toi.

Courir sur le fil de l'avenir, monté sur des selles d'acier.

Ton souvenir est revenu ce soir.

Prendre le raccourci vers l'amour.

Les bruits affreux se perdirent au fond du cœur moelleux des fourrures de luxe.

Ne m'oublie pas.

Car je reviendrai souvent, ces fameuses nuits si proches de ton enfance.

Tu t'entends crier. Séparation.

Veines glacées, et chair rugueuse.
Des odeurs de cette chair sale
S'envolent, s'écrasent au fond d'une salle enfumée
Où des images de gosses maigres, souriants, bien
qu'écartelés par leurs désirs, scintillent sur un verre
dépoli, et font pleurer nos yeux fatigués.
Et le désir des gosses, là.
Amour, amour, amour,
Avant la cassure,
Fêlure au cœur de vos jeunesses.

Être l'enfant,
Mais pas l'enfant
Qu'ils appellent enfant.
(J'entends encore cette vieille peau fripée, au pied
d'un amphithéâtre d'imbéciles : « Messieurs, le stade
du miroir... Œdipe... Œdipe... Œdipe... »)
(Et nous reconstruisons Œdipe, avec ce type rencontré
dans un bar. Un « Œdipe par hasard », dans lequel
le héros, loubard au visage d'ange, aurait eu les yeux
crevés dans un accident de moto.)

Sans doute.
Mais il y avait plus simple :
Au lieu de détruire le désir...

– 9 – LE MOT (1°)

J'étripe le ventre du Maître du monde,
Au sens giratoire d'un mot essentiel.

Corbeau froid,
Emballé dans un carton frigide.

Une terre comme vous en rêvez ; comme vous en
    bavez.

Ombres et lumières.

Des guerriers travestis qui ont oublié le goût de la mort martèlent pas à pas leur croyance anxieuse dans le dieu acier, cheval hurlant, pinces fines découpant la moelle des mots.

Grues et péniches accostées ramassent à leurs pieds l'écume baveuse des journées moroses.

On n'écoute plus celui qui parle, jamais. On a supprimé le dialogue.

Une voûte bleutée couvre les dernières vapeurs ver-
dâtres
D'un enfer médiéval.
Mon corps s'allonge,
Seul,
Sur des mosaïques interdites disparues sous les
regards.

Le gosse aux yeux de velours, moulé dans son blue-
jean, a accroché mon ventre aux ruines d'un palais
byzantin.

Mais les mots qui s'alignent,
Que sont-ils ?
Éternel recommencement ?
Pauvre tentative avortée ?
Combat du mal par le mal.
Et je me suis laissé prendre,
Piège de ces mots, filet tendu de ton visage
Aux mailles serrées,
Gluantes de désir.

Revenir de ces lieux mythiques, mais n'y être jamais allé.

Quelle énergie ne céderait pas à cette musique évaporée, rampant sur le sol d'un désert brésilien.

Les vautours de la demi-mesure sont là,
Figés dans leur croûte de suffisance,
Suave,
Mielleuse dégueulasserie ;
Apôtres veules,
Araignées grasses,
Longues pattes fuyantes,
Tissées, érigées en bonne conscience qui étouffe ma
frêle naïveté,
Trouée du sens,
Ventre sucré.

« Moi special boy, viens dans camera mia ici no good moi special boy mais pas ici ici dans park polizei look polizei look. »

La tragédienne, se voulant Antigone peut-être, dans une longue robe blanche, récitait du mauvais théâtre.

Elle me mit en garde : « Tu n'es qu'une sale petite mécanique minable, engrenages huilés de désir et d'images adolescentes. Tu gaspilles l'encre et les mots, denrées si précieuses aux grands de ce monde. L'issue de ton procès, si héroïque ou même si sincère que soit ta défense, cette issue donc est inéluctable. La suffisance de ta jeunesse restera tandis que ta jeunesse s'en ira. Alors, doux soleil de septembre, un être de rêve, à la trop jeune jeunesse, suffisante, te parlera de ta jeunesse à l'imparfait. Que feras-tu alors ? » (Fin de la mise en garde de cette mauvaise actrice de tragédie.)

« Trop cher pour toi, animal de trottoir éreinté. Tu as sans doute vécu trop vite. »

– 8 – REVANCHE (2°)

Il faut aller plus loin que de cracher la douce confiture de tes pauvres exploits du passé.

Il faut accrocher des fleuves de sang aux épines des fleurs malsaines.

Mais tu traînes la forme longue, immense, de ton corps mou et collant.
Une douce et tiède mièvrerie, fétide, s'insinue dans mes yeux.

Je crache, je dégueule cette mélasse de sucre blond et tiède, ces demi-mesures, demi-art, demi-drogue, demi-folie, petite bourgeoisie, appartements, aux murs des fleurs imprimées.

Sombrer dans le cri du ventre, lèvres chaudes, abolition des mots...

Pourquoi se battre ?

Et vous crevez,

Enfants,

Gueules hurlantes, voix de pieuvres creuses.

Caoutchouc du cœur

Saignant,

Villes mouillées, uniformes, bérets bleus

Défilent

Derrière nos vitres embuées.

Je vous toucherai, tous.

Faïences brisées, porcelaines froissées,

Tiroir des idées, première à gauche, après le carrefour, troisième bouche de métro, sous le ciel noir,

Piliers de fer où s'accrochent les yeux étranglés des mômes squelettiques, cadavres salés.

Le téléphone sonne, on me dit d'espérer, espérer les fleurs graisseuses d'une foule qui espère mon sang.

Tricher l'image, pour la créer, toboggan dérisoire et feutré, où nous glisserons,

Ensemble.

Et puis moi, l'ange sauvage
Serrant le corps d'une gazelle brûlante,
J'attends de la colère des dieux ou de la beauté des
      diables
Qu'elles envahissent mon monde mourant
Et qu'elles extirpent la pourriture
Des pores de ma peau ambrée,
Qu'elles la jettent en pâture
Aux chiens du port,
Leur poil comme un duvet de misère
Caressé par les mains rugueuses
Des marins pressés par le temps.

Et moi, l'ange sauvage,
Je m'avance dans la fumée d'un quai désert,
Je découvre des carcasses de métal
Et des manèges délaissés,
Pont d'un cargo, grand Nord, mer de glace.

L'ange sauvage devenu ange déchu
Finit simple mortel au coin d'un bar.

Je suis revenu défier la chance
Et la beauté des diables.
Une grande fille aux yeux clairs

S'agenouille entre mes jambes,
Et je lui offre dans ma tête
Le nom d'un guerrier aztèque.
Je perfectionne le grand art d'être mort
Pour dire je t'aime encore.

Accrochés à ma mémoire,
Ange suave, ange mort,
Les bagarres des marins, les cris des mises à mort
S'embrouillent dans l'image d'un espoir ténu,
Comme un fil étrange et faible,
Tendu vers cette horreur de la beauté des diables
L'ivresse aseptisée du culte des dieux avides
Renaissance incertaine d'un monde
Noir et blanc
Synthétique.

L'alliance du gosse mexicain,
Là, au bord du chemin,
« Tu viens Señor, Mister, Monsieur »
Et du Christ sanglant oublié sur le comptoir.

Priez mes frères presque morts
L'ange sauvage a mal à son corps.
Ici résonne l'écho sanglant d'une découpe à même
le temps.

Crier à l'est de ma mort au sud
La rose du compas est fêlée
Ses pétales incrustés de larmes sèches
Ont blanchi le pays du grand Nord.

Violence de l'idée.
Ma folie s'étiole au flanc des enfants vierges.

L'image de ta peau, levée contre une vie trop courte,
Remplit les angoisses,
Vomit les vertiges de l'évidence.

A moi,
Pauvre chien si doux, si pâle,
Donne la peur d'être moins jeune
Donne l'envie de la beauté
De la mouvance des oiseaux forts
Au gré d'une pourriture si simple.

Car le monde est là,
Déchiré autour de l'aurore,
Cloué,
Saignant,
Dégoulinant de certitudes infâmes,
Si loin, si loin que je dérive,
M'accrochant aux terres meurtries
D'un avenir impossible.

Mister John m'appelle, parlant d'îles paradisiaques
aux rivages-certitudes.

Mais ton visage colle à ma peau,
Pauvre animal tragique
Seul
Au coin de l'aurore
Blême
Et mourir est si loin
Si facile aussi
Qu'il vaut mieux oublier pour qui se dessinent les
traits peu à peu si fragiles d'une vérité première
Perdue
Envahie
Étouffée par les herbes folles de ma mémoire salée.

Quelque chose me le dit : se battre pour moi.

Mais le sens s'échappe,
Seul également,
Parmi la solitude
De ceux qui n'ont cessé de vouloir que ce sens n'ait
plus de sens, pauvre folie, et que l'évidence rigide
ait un sens.

Ce sens-là...

Pauvres

Ceux-là

Qui.......................

Silhouettes raides d'un désir glacial
Opale fraîche
Cris
Pauvres gens
Vin ambré
Suffisance transpirée
Certitudes affichées.

Marcher dans les coursives rouillées d'un cargo brésilien : toutes les tensions semblent soudain se réduire
à rien :
Un bijou d'or mexicain,
La courbe d'un sein blanc,
Grands yeux sombres tapis au creux d'une amarre
lovée, qui sent le goudron et la mer, le corps des
filles des ports incertains.

Y sommes-nous allés ?
Te souviens-tu, Tillio, ou Pablo, oubliés,
Vos gueules d'Indiens,
Et la chaleur d'un sourire.
Marins par hasard,

Embarqués tard,
Très tard,
Un soir d'hiver,
Vers un soleil hypothétique.

Fantômes mous,
Animaux de légende,
Les traces de vos pas tendent les bras à ceux qui
mendient l'amour fou,
Bandits de grand chemin,
Satyres livides aux joues grêlées qui traînent leurs
pieds meurtris sur des chemins de clous.

Ils traquent l'idée, dégénérescence furtive et glaciale
de l'image, cette idée secrète d'une vierge pâle dont
la voix dégouline, long calvaire grésillant, d'un téléphone abandonné,
Éventré plus tard dans la nuit
Par un jeune diable blond, quand, croit-il, les rues
de Clamart sont désertes.

Mais notre nouvelle milice attend,
Embusquée,
Fière,
Flambant neuve,
Tous volontaires,
Et met en laisse le jeune diable blond, Pablo, Tillio,
et tous les autres et même m'a-t-on avoué, tard, très
tard, un soir d'hiver, l'idée secrète d'une vierge pâle.

Des coups de butoir lancinants dans mes gencives.
Un flot de sang chaud taraude la glace intérieure
d'une vrille cramoisie.

Tout ce temps réduit à rien :
    Geste de ta main caressant mes cheveux,
    Velours brisé de ton regard.
    Et il suffit que tu dises : « Tu m'as connu dans
    une mauvaise période. »

Temps stoppé, la glace, et mes dents furieuses
mâchent la chair verte d'un vieux...
Et tout redevient possible, tout faire pour toi, un
regard se pose, caresse du bout d'une illusion : ta
jeunesse.

Le point où les contraires s'assemblent, fusion glaciale, imprudence du désir, folie de ta bouche, de
ta voix dominatrice.

Chœur des basses, sourdement, rivent le désespoir
au temps, immortel.

Et voici que nous caricaturons le poète, locataire complaisant et maudit des paradis artificiels.

Il fallait me laisser en paix... La même évidence, celle du premier instant, et tout avoir fait, depuis ce moment, pour toi, ou contre toi.

Éclatement de l'écume blonde.
Bouillie des os oubliés, rongés par ce sang qui bouillonne dans mes dents,
Tête percée, trouée, à l'acide de la glace chauffée à blanc.

Infusion métallique, yeux prostrés sur les déchets de métal rouillé, carcasses rougeâtres, verres alignés, opéras de délire, cheveux volant à l'horizontale dans un vent de violence : on ne peut indéfiniment contenir les contraires.

Et vient l'explosion, où le délire se rejoint, cessant d'être lucide, d'être le jeu qui joue à jouer.

Fermer un œil, ouvrir l'autre sur ce cri du ventre, dents écrasées, sang cognant aux gencives, cracher ton amour, je viendrai le creuser comme une lame dans un fruit rouge, bruissante, éclatant les chairs, jus sucré coulant de ta peau, de ta queue gonflée, Humidité

De mes yeux,
Perle au bout d'elle,
Folie gluante,
Invraisemblable vérité qui traverse mon corps, écume
blanchâtre sur une moelle livide,
Colonne sans nom,
Vertébrale de l'autre,
Abyssale.

Nuit informe d'un autre temps,
Dieux infirmes pénétrant l'épouvante de
Toi
Revenant.
Jeter ton corps, je l'aurais voulu dépecé par le temps,
rongé de secondes, pourrissant des minutes d'un
amour impossible.
Mais non. Il est revenu, indifférent, égal à lui-même,
réincarnation de la possibilité de l'Image.

Santiags bleues et jean neuf, comme une erreur dans
la programmation,
L'apparition impossible d'une trop belle évidence,
obscène, ordurière.

Et j'imagine l'autre, les autres, seuls, nuit grise,
métallique, au son mat d'un rêve enfantin de quié-
tude   enfin.

Il n'y a plus rien, que cet éclat de verre, couturant ma détresse, déchiquetant l'avenir, éparpillé en tentations radieuses, mièvreries transposées.
Et tu m'as pris au ventre comme ce cri rauque d'animal, cette soirée chaude de juillet,

Que puis-je encore imaginer ?

– 10 – LE MOT (2°)

Je t'ai vu refermer la main sur l'illusion d'un corps.

Un courant d'air, un claquement de porte,
Et je t'ai vu la tête penchée au-dessus d'un cendrier
plein.

Ta chambre avait bien changé.

Plus aucune forme, pas un seul contour.
L'idée même s'était envolée.

Tu es au centre de ce cube de glace, le cendrier plein
fume entre tes jambes.

Un filet de sang suinte du plafond.

J'ai envie de vomir.

Ne viens pas me raconter que tu es à la recherche de je ne sais quelle essence poétique.
Tu sais bien que je ne te crois pas. Je pense que tu n'as simplement plus rien à dire.

Alors il faut écrire...
Pour que la poussière recouvre les mots et les touches de la machine à écrire immobile ?

CET OUVRAGE
A ÉTÉ ACHEVÉ D'IMPRIMER
SUR ROTO-PAGE
PAR L'IMPRIMERIE FLOCH
À MAYENNE EN FÉVRIER 1994

N° d'édition : 15028. N° d'impression : 35348.
Dépôt légal : février 1994.